EDICT DV ROY,

PORTANT AVGMENTA-
tion des seize sols sur chacun
minot de sel.

*Verifié en la Cour des Aydes le 30.
Iuillet mil six cens trente-trois.*

A PARIS,
Par P. METTAYER, A. ESTIENE,
& C. PREVOST, Imprimeurs
ordinaires du Roy.
M, DCXXXIII.
Auec Priuilege de sa Majesté.

OVÏS par la grace de
Dieu Roy de France &
de Nauarre, A tous pre-
sens & à venir, Salut.
Les armées que nous
auons esté obligez d'é-
tretenir tant dedans nostre Royaume,
Pour chastier nos subiets rebelles & les
mettre dans leur deuoir en l'obeyssannce
qu'ils nous doiuent, que pour assister nos
amis & alliez hors nostre Royaume,
Nous ayant contraint de nous seruir des
deniers prouenans de l'Imposition de six
liures pour minot de sel que nous auions,
suiuant l'aduis de l'Assemblée des notables de nostre Royaume, conuoquée en
nostre bonne Ville de Paris, sur la fin de
l'année mil six cens vingt-six, ordonné
par nostre Edict du mois de Iuin mil six
cés vingt-sept, estre leuez pour employer

au rachapt de noſtre Domaine, & rem-
bourſer pluſieurs droicts alienez ſur nos
Gabelles, & remplacer les deniers que la
neceſſité de nos affaires nous auoit fait
prendre dans nos Receptes generales &
Fermes, afin de pouuoir par apres deſcharger nos ſubiets de pluſieurs impoſi-
tions que nous auons miſes ſur eux, par-
ticulierement de celle deſdits ſix liures
pour minot, qu'il nous auroit eſté remô-
ſtré leur eſtre à grâd charge, & leur oſter
le moyé de pouuoir achepter du ſel pour
la prouiſion de leurs familles. A quoy
voulons pouruoir & aux plaintes de pluſieurs de nos ſubiets qui auoiét acquis de
nous des droicts ſur leſdites Gabelles, de
la perte qu'ils ſouffroient à cauſe de la
diminution des ventes arriuées en nos
Greniers depuis ladite Impoſition, Nous
aurions par noſtre Declaration du mois
de Decembre mil ſix cens trente, ordonné qu'il ſeroit diminué trois liures pour
minot de ſel, faiſant moitié deſdits ſix li-

A ij

ures, à commencer du premier Ianuier
mil six cens trente-vn, és Greniers des
Generalitez ressortissans en nostre Cour
des Aydes de Paris : Ce qui auroit esté
executé, & auions intention de faire la
mesme grace à nos subiects ressortissans
de nos Cours des Aydes de Rouen & Di-
jon, En quoy nous aurions esté empes-
chez par les nouuelles occasions de des-
pences que nous auons esté obligez de
faire pour l'entretenemét des armées par
nous mises sur pied, pour garder les Fron-
tieres de nostre Royaume, & nous tenir
en estat de resister aux Ennemis de la
grandeur d'iceluy, qui formoient de nou-
ueaux desseins sur l'absence de la Royne
nostre tres-honorée Dame & Mere, &
de nostre tres-cher Frere le Duc d'Or-
leans. Ce qui auroit retardé l'effect du
bon dessein que nous en auons, & contraint de vendre & engager la pluspart
de ce qui nous restoit de nos droicts de
Gabelles par nouuelles creations d'Offi-

ces & attributions de gages & droicts
aux anciés Officiers: Surquoy ladite Ferme generale defdites Gabelles ayant efté
delaiffée & habandonnée par le Fermier
d'icelle, qui fe feroit trouué redeuable de
tres grádes sómes de deniers enuers nous
& nofdits fubiects qui ont acquis des rentes, gages & droicts fur ladite Ferme,
pour fatisfaire au payemét des arrerages,
defquelles nous auons efté contrainct de
vendre Cent cinquante mil liures de ren-
te fur la Ferme de nos Aydes, pour des
deniers en prouenans faire payer les arrerages defdites rentes deues à nofdits fub-
jets fur nofdites Gabelles: Et de prendre
dans noftre Efpargne de grandes & notables fommes de deniers pour employer
en achapt de fels, & autres frais necef-
faires pour la fourniture des Greniers dependans d'icelle, ayant efté contraint de
la tenir par nos mains, & la faire regir par
nos Officiers, l'efpace de vingt-vn mois
durant, pour ne pouuoir trouuer aucuns

Fermiers qui vouluſſent entreprendre la
fourniture deſdits Greniers & ferme de
noſdits droicts de Gabelles. En quoy nous
auós ſouffert vn tel notable preiudice, nõ
ſeulement pour la perte que nous faiſons
pour le paſſé auec ledit Fermier, mais encores pour la diminution du prix de ladite Ferme : De ſorte qu'au lieu que les
Fermiers de noſdites Gabelles portoient
cy deuátvne notable ſóme par an en noſtre Eſpargne, pour ſupporter les deſpences de noſtre Eſtat, il ſe trouue à preſent
plus de Deux cens cinquante mil liures
de manque de fonds pour acquitter les
charges aſſignées ſur ladite Ferme , &
nous voyans encores obligez à l'entretenement de pluſieurs armées qui augmé-
teront nos deſpéces, & priuez du ſecours
que nous auions accouſtumé de receuoir
des deniers de nos Gabelles : Et auſſi có-
traincts de faire fonds des deniers de noſtre Eſpargne , pour payer les charges
que nous auós miſes ſur ladite Ferme, par

la neceſſité de nos affaires, & trouuer des
moyens pour ſatisfaire à l'entretenement
de noſdites armées, & autres deſpences
de noſtre Eſtat Il nous auroit eſté propo-
ſé de creer des Offices de Lieutenans &
Aſſeſſeurs Criminels en tous les Greniers
dependans de ladite ferme, & leur attri-
buer pareils droicts à la vente du ſel,
qu'aux Greffiers & Maiſtres Clercs, re-
uenant à trente ſols pour minot, affin d'e-
ſtre promptement ſecourus des deniers
prouenans de la vente deſdits Offices,
dont le fermier general deſdites Gabelles ayant eu aduis, & nous ayant remon-
ſtré le preiudice que la multiplicité deſdits Officiers dans leſdits Greniers appor-
teroit à ladite ferme, qui empeſcheroit le
reſtabliſſement d'icelle, & luy oſteroit
le moyen d'y ſubſiſter; Nous auons eſti-
mé plus à propos de nous ſeruir d'autres
moyens que de la creation deſdits Offices : Entre leſquels nous n'en auons
poinct trouué de plus doux & moins à

la foulle de noſdits ſubiets que celuy du
reſtabliſſement d'vne partie de la diminution des trois liures pour minot de ſel
que nous auons faite à nos ſubiets du reſſort de noſtredite Cour des Aydes de Paris, par noſtredite Declaration du mois
de Decembre mil ſix cens trente, à la-
quelle toutes ſortes de perſonnes & de
toutes qualitez contribuent en intention
toutesfois d'é deſcharger noſdits ſubiets,
& de dauantage, auſſi toſt que la com-
modité de nos affaires le nous pourra
permettre. A CES CAVSES; Sça-
uoir faiſons qu'apres auoir mis cét affaire
en deliberation en noſtre Conſeil où e-
ſtoient aucuns Princes de noſtre ſang, autres Princes Officiers de noſtre Couron-
ne, & autres grands & notables perſon-
nages; De l'aduis d'iceluy, & de noſtre
certaine ſcience plaine puiſſance & au-
thorité Royale : Nous auons par cettuy
noſtre preſent Edict perpetuel & irreuo-
cable, dict, ſtatué & ordonné, diſons,

ſtatuons.

...atuons & ordonnons, Voulons & nous
...laiſt; Que d'oreſnauant & à commen-
...er du premier iour de Iuillet prochain,
...ſoit reſtably, impoſé & leué ſeize ſols
...our chacun minot de ſel qui ſera vendu
...& diſtribué en tous les Greniers depen-
...dans de la Ferme Generale de nos Ga-
...belles de France, du reſſort de noſtredite
...Cour des Aydes de Paris, faiſant partie
...de trois liures pour minot qui en ont cy-
...deuant eſté diminuez en vertu de noſtre-
...dite Declaration du mois de Decembre
...mil ſix cens trente. Leſquels ſeize ſols
...pour minot, ſeront leuez & impoſez
...outre & par deſſus nos anciens droicts
...de Gabelles & augmentations d'iceux,
...prix de Marchands, & autres droicts
...qui ſe leuent à preſent en tous leſdits Gre-
...niers: Et iceux auons incorporez & in-
...corporons par ces preſentes à noſdicts
...droicts de Gabelles, pour eſtre d'oreſna-
...uant receus à la vente & diſtribution du
...ſel qui ſera fait en noſdits Greniers par le

B

Fermier de nofdites Gabelles ou leur
Commis & Procureurs en chacun Grenier. Conformément au quatriefme article du Bail defdites Gabelles, & Arreft
interuenus en confequence, fans que les
Receueurs particuliers de nofdits droicts
de Gabelles, ny autres Officiers fe puifsét
entremettre à la recepte des deniers prouenans de ladite Impofition, ny en pretendre aucuns droicts de Recepte, ny les
Regratiers, Commiffaires & Collecteurs
de l'Impoft, Garde des petits Seaux, &
autres nos Officiers defdits Greniers, aucune augmentation de leurs droicts : Ce
que nous leur deffendons, à peine de con-
cuffion, attendu qu'ils leuent & font
payez encores à prefent des taxations &
attributions à eux faictes fur lefdites fix
liures pour minot defel impofez en vertu de noftredit Edict du mois de Iuin mil
fix cens vingt fept, nonobftant ladite
diminution de trois liures pour minot,
faite en vertu de noftredite Declaration

du mois de Decembre mil six cens trente, ayant esté maintenus en la leuée &
perception desdits droicts par les Arrests
de nostre Conseil, sur ce interuenus : Lesquels deniers prouenãs de ladite leuée de
seize sols pour minot de sel, Nous voulons estre employez à la mãque de fonds
qui se trouuera pour le payement des
charges assignées sur nostredite Ferme
des Gabelles : Et le surplus estre porté &
payé és mains des Tresoriers de nostre
Espargne , chacun en l'année de leur
exercice par lesdits Fermiers de nos Gabelles ou leurs commis, & employez aux
affaires importátes de nostre Estat, selon
qu'il sera par nous ordonné. SI DON-
NONS EN MANDEMENT à nos
amez & feaux Conseillers les gens te-
nans nostre Cour des Aydes de Paris,
Presidens Tresoriers de France & Ge-
neraux de nos Finances des Generalitez
du ressort d'icelle , & aux Officiers des
Greniers à sel en dependans, chacun en

droiĉt foy , que cettuy noſtre preſent E-
diĉt ils facent publier, Regiſtrer & exe-
cuter purement, ceſſant & faiſant ceſſer
tous troubles & empeſchemens, nonob-
ſtant tous Ediĉts,Ordonnances,Mande-
mens, Deffenſes & Lettres à ce contrai-
res : Auſquelles & à la dérogatoire des
dérogatoires y contenues , Nous auons
derogé & derogeons par ces preſentes,
oppoſitions ou appellations quelcõques,
deſquelles ſi aucunes interuiennent, nous
nous reſeruons la cognoiſſance en no-
ſtredit Conſeil, & icelle interdiſons &
deffendons à toutes nos Cours & autres
Iuges. CAR tel eſt noſtre plaiſir : Et
afin que ce ſoit choſe ferme & ſtable à
touſiours, Nous auons faiĉt mettre noſtre ſeel à ceſdites preſentes : ſauf en au-
tre choſe noſtre droiĉt , & l'autruy en
toutes. Donné à Fontaine-bleau au mois
de May, l'an de grace mil ſix cens trente-trois. Et de noſtre regne le vingt-
quatriéme. Signé, LOVIS. Et à co-

sté, V I S A : Et plus bas , Par le Roy,
D E L O M E N I E. Et seellé sur lacqs de
soye rouge & verte , du grand seau de
cire verte.

Registré , ouy & ce requerant le Procureur ge-
neral du Roy , du tres expres commandement de
sa Majesté , pour estre executé selon sa forme &
teneur , aux charges portées par l'Arrest du iour-
d'huy , A Paris en la Cour des Aydes les Cham-
bres assemblées le trentiéme Iuillet 1633.

    Signé,   *BOVCHER.*

EXTRAICT DES REGISTRES
de la Cour des Aydes.

V EV par la Cour les Lettres paten-
tes en forme d'Edict données à
Fontaine bleau au mois de May
mil six cens trente-trois , signées
Lovis. Et plus bas , Par le Roy Delome-
nie, & seellées sur double queuë, du grand
seau de cire verte, soubs lacqs de soye rouge & verte ; Par lesquelles & pour les cau-
ses y contenuës, Sa Majesté veut & ordonne que d'oresnauant, à commencer du premier iour de Iuillet de la presente année, il

ſoit reſtably , impoſé & leué Seize ſols ſur
chacun minot de ſel qui ſera vendu & diſtribué en tous les greniers depédans de la
ferme generale des Gabelles de France,du
reſſort de la Cour des Aydes de Paris, faiſant partie de trois liures pour minot qui
en ont eſté cy deuant diminuez envertu de
la Declaratió du mois de Decembre 1630.
pour eſtre leſdits Seize ſols leuez & impoſez outre & par deſſus les anciés droicts de
Gabelle & augmentation d'iceux, prix de
marchand & autres droicts qui ſe leuent à
preſent en tous leſdits greniers, veut qu'ils
ſoient incorporez auſdits droicts de Gabelle, pour eſtre d'oreſnauant receus àla
vente & diſtribution du ſel qui ſe fera dans
leſdits greniers par le fermier deſdites Gabelles ou ſes commis & Procureur en chacun grenier. Conformément au quatrieſ-
me article du bail deſdites Gabelles, & Ar-
reſts interuenus en conſequence, ſans que
les Receueurs particuliers deſdits droicts
de Gabelle, ny autres Officiers ſe puiſſent
entremettre à la recepte des deniers prouenans de ladite impoſition,ny en pretendre
aucuns droicts de Recepte , ny les Regra-
riers, Commiſſaires, Collecteurs de l'im-
poſt, Gardes des petits Seaux, & autres les
Officiers deſdits greniers, aucune augmé-

ration de leurs droicts, Ce que sadite Majesté leur deffend, à peine de concussiõ, attendu qu'ils leuent & sont payez encore à
present des taxations & attributions à eux
faictes sur les six liures pour minot de sel
imposez en vertu dudit Edict du mois de
Iuin 1627. nonobstant la diminution des
trois liures pour minot faite en vertu de ladite Declaratiõ du mois de Decẽbre 1630.
Lesquels deniers prouenãs de ladite leuée
de Seize sols pour minot de sel: Sadite Majesté veut estre employées à la manque de
fonds qui se trouuera pour le payemẽt des
charges assignées sur ladite ferme des Gabelles: Et le surplus porté & payé és mains
des Tresoriers de son Espargne, chacun en
l'ãnée de son exercice par lesdits fermiers
des Gabelles ou leurs cõmis, & employez
selon qu'il sera par sa Majesté ordonné.
Cõclusions du Procureur General, & tout
consideré. LA Cour les Chambres assemblées du tres exprés commandement du
Roy, A ordonné & ordonne ledit Edict
estre verifié & enregistré au Greffe d'icelle pour estre executé selon sa forme &
teneur, A la charge que les deniers prouenans de la leuée desdits Seize sols pour
minot de sel, seront employez au rem-
placement & manque de fonds qui se

trouue dans l'eſtat des Gabelles , & non
ailleurs : Et que les differends qui interuié-
dront en execution dudit Edict ſeront Iu-
gez en premiere inſtance pardeuãt les Officiers deſdits greniers à ſel, & par appel en
ladite Cour. Prononcé le trentieſme iour
de Iuillet mil ſix cens trente-trois.

Signé,   BOVCHER.

Collationné aux Originaux , par moy Conſeil-
ler & Secretaire du Roy , & de ſes Finances,

www.ingramcontent.com/pod-product-compliance
Lightning Source LLC
LaVergne TN
LVHW021059050726
842519LV00005B/1743